SWOLFS

Le Prince de la Nuit

1. LE CHASSEUR

Glénat

ADN
Rocco/Makyo/Toldac
1. L'espèce temps
2. Ange noir

L'Affaire du siècle
Beineix/De Dieuleveult
1. Château de vampire à vendre

Avel
Dufaux/Durieux
1. Achevez les solitaires
2. Olivia
3. Le thème de Camille
4. Mort d'un traître

Le Bateau feu
Gibelin/Heloret
1. La fleur de sel
2. Ahez
3. Veillée d'armes
4. Le dernier pas

Blackhills
Swolfs/Marc Renier
1. La danse des fantômes
2. La voie du guerrier
3. La grande blessure

Black Mary
Chauvel/Fages
1. Quartier des ombres
2. Le jour des oiseaux

Bluehope
Rochebrune/Meirinho
1. April
2. Couleur charbon
3. A mats et à cordes

Le Boche
Bardet/Stalner
1. L'enfant de paille
2. Zigzags
3. Entre la chair et l'os
4. Le cheval bleu
5. Dans la peau d'un neutre
Intégrale tomes 1 à 5
6. Nuit de Chine…
Bardet/Boutel
7. La route mandarine
8. La Fée Brune
9. L'affaire Sirben

Coma
Dupré
1. Vincent
2. Dana
3. Demain, peut-être…

Crypto
Martin/Menvielle
1. Le Mokélé - M'Bembé

Cuervos
Marazano/Durand
1. Le contrat
2. Sicaire de la Ste Coke

Les Corruptibles
Pendanx/Brezault
1. Bonne arrivée Patron !
2. Zig zag
3. Looping

Démons
Moynot/Cornette
1. Le droséra géant

La Dernière Fée du Pays d'Arvor
Arnoux/Michaud
1. Folianne
2. Ombreux
3. Astrée

Les Derniers jours de la Géhenne
Ruellan/Ersel
1. Quéribus

Destins croisés
Boutel/Mattera
1. Le poids du silence

Eva Medusa
Segura/Miralles
Intégrale tomes 1 à 3

Fulù
Trillo/Risso
1. Le mauvais sort
2. La danse des Dieux
3. Dans l'ombre du désir
4. La mer, la liberté
5. La source de vie

Gregor Kyralina
Makyo/Méral
1. Amour empoisonné
2. Amour éclairé

Le Goulag
Dimitri
13. Krampon l'imputrescible
14. Danse avec les fous
15. www.loubianka.com

Hariti
Szalewa/Ryser
1. Un ventre aride
2. Le fruit de nos entrailles
3. Toutes les sèves de l'aurore

Histoires d'en ville
Berlion
1. Rochecardon I : Alfonso
2. Rochecardon II : Karima
3. Rochecardon III : Ange

H.K.
Hérault/Morvan
Cycle 1 T1 Avalon
Cycle 1 T2 Elysée
Cycle 2 T1 Massilia

L'Homme qui rit
De Felipe

Howard Blake
R. M. Guéra
1. La lumière de l'ombre

Incantations
Derrien/Van Liemt
1. Louise
2. Andrew

Ikar
Makyo/Follet
1. Le petit prince barbare
2. La machine à arrêter la guerre

Les Immortels
Desberg/Reculé
1. Le Tombeau de l'ange
2. La volonté du mal
3. La passion selon Nahel
4. Le second cavalier

Le Jeu de pourpre
Makyo/Rocco
1. Le rêve partagé
2. Le corps dispersé
3. La mort donnée
4. Le temple reconstruit

Labyrinthes
Le Tendre/Dieter/Pendanx
1. Le dieu qui souffre
2. La mort en marche·!
3. Agwe Wedo
4. Les maîtres de l'Agartha

Le lièvre de mars
Cothias/Parras
Tomes 1 à 7
Cothias/R.M. Guéra
Tome 8
Tome 9

Loranne
Dieter/Nicaise
1. Clover
2. California Dream
3. Frisco

Les Maîtres de l'orge
Van Hamme/Vallès
1. Charles, 1854
2. Margrit, 1886
3. Adrien, 1917
4. Noël, 1932
5. Julienne, 1950
6. Jay, 1973
7. Frank, 1997
8. Les Steenfort
• Coffret tomes 1 à 4
• Coffret tomes 5 à 8
Intégrale tomes 1 à 4
Intégrale tomes 5 à 8

Malienda
Bihel/Mosdi/Josset
1. Mori-Dunonn
2. Djouce
3. Aïfé

Matador
Jakupi/Labiano
1. Lune Gitane
2. La part du feu
3. L'orgueilleux
Intégrale tomes 1 à 3

Neige
Convard/Gine
1. Les brumes aveugles
2. La mort corbeau
3. L'aube rouge
4. Intermezzo
5. Il diavolo
Intégrale tomes 1 à 5
6. Le Pisse-Dieu
7. Les 3 crimes de Judas
8. La brèche
9. La chanson du muet
10. A l'ombre de l'Acacia
Intégrale tomes 6 à 10
11. Petites nouvelles de l'extérieur
12. Banal holocauste

Le Neptune
Delitte
1. À la conquête d'un rêve
2. Vers un autre monde
3. Iceberg
4. Cauchemar
• Coffret T.3 + journal de bord

Névé
Dieter/Lepage
1. Bleu regard
2. Vert Solèy
3. Rouge Passion
4. Blanc Népal
5. Noirs Désirs
Intégrale tomes 1 à 5

Les Nouveaux Tsars
Delitte
1. La chasse est ouverte
2. L'effet Blast

Nova Genesis
Chabbert/Boisserie
1. Denver
2. Grand canyon

Nuit blanche
Yann/Neuray
1. Les spectres du Tsar
2. Le rossignol de Koursk
3. Agafia
4. Vladivostok
5. Shangaï

Ombres
Dufaux/Rollin
1. Le solitaire
2. Le solitaire 2
3. Le sablier 1
4. Le sablier 2
5. Le crâne 1
6. Le crâne 2
7. Le tableau

L'Orfèvre
Warnauts/Raives
1. La mort comme un piment
2. La maison sur la plage
3. K.O. sur ordonnance
4. Le sourire du bouddha
5. Les larmes de la concubine
• Coffret tome·3 + crayonnés

Outlaw
Dieter/Fourquemin
1. Jupons et corbillards
2. Barres à mine et coyotes roses
3. Cantinière et petits soldats

Phenomenum
Kaminka/Védrines
1. Opus O
2. Opus 1 : Futur Antérieur

Pharaon
Duchâteau/Hulet
1. Philtre pour l'enfer
2. Le cerveau de glace
3. L'incarnation de Seth
4. Promenade des Solitudes
5. Dossier anti
6. Des ombres sur le sable
7. Les feux de la mer
8. Le géant englouti

Le Pithécanthrope dans la valise
Lamquet
1. Le chirurgien Hollandais
2. Le coucher de la mariée

Le Pont dans la vase
Chomet/Chevillard
1. L'anguille
2. Orlandus
3. Malocchio
4. Barthélémy

Le Prince de la nuit
Swolfs
1. Le chasseur
2. La lettre de l'inquisiteur
3. Pleine lune
4. Le journal de Maximilien
5. Elise
6. Retour à Ruhenberg
• Coffret tome 1 à 3
• Coffret tome 4 à 6

Racines
Dutreuil
1. Daniel

Rebelle
Richelle/Beuriot
1. Le bruit des bottes

Res punica
J-M et S. Cosset
1. Baal

Le Roman de Malemort
Eric Stalner
1. Sous les cendres de la lune
2. La porte de l'oubli
3. Le don du sang
4. Lorsque vient la nuit…
5. S'envolent les chimères
6. Toute l'éternité…

Sam Bracken
Jarbinet
1. Deadline
2. Rouge combat

Sang-de-lune
Dufaux/Nicaise
1. Sang-de-Lune
2. Sang-Marelle
3. Sang-désir
4. Rouge vent
5. Sang-délire
6. Lise et le boucher

Santiag
Dufaux/Renaud
1. Santiag
2. Le gardien de la nuit
3. Rouge… comme l'éternité
4. De l'autre côté du Rio
5. Le retour

Slender Fungus
Ozanam/Laigle
1. Al dente

Tosca
Desberg/Vallès/Alluard
1. L'âge du sang
2. Le choix d'Angelina
3. Dans le meilleur des mondes

Le Troisième Testament
Dorison/Alice
1. Marc, ou le réveil du lion
2. Matthieu, ou le visage de l'ange
3. Luc, ou le souffle du taureau
4. Jean, ou le jour du corbeau

Ultimate Agency
Verdier/Corteggiani
1. Le requiem des chiens galeux

Vell'a
Bonnet/Bourgne
1. La marque

Voleurs d'Empires
Dufaux/Jamar
1. Les voleurs d'Empires
2. Fleurs de peau
3. Un sale métier
4. Frappe-misère
5. Chat qui mord
6. La semaine sanglante
7. Derrière le masque
L'intégrale tomes 1 à 7

Waldeck
Dellisse/Gioux
1. Le jaguar éternel
2. L'idole aux yeux vides

www.glenat.com

© 1995 Editions Glénat - BP 177 - 38008 Grenoble Cedex
Tous droits réservés pour tous pays.
Dépôt légal : janvier 1995
Achevé d'imprimer en octobre 2005 en France par Pollina - n° 98376

4

AVEC VOTRE PERMISSION, JE REGAGNERAI MA CHAMBRE POUR ÉCOUTER PLUS À MON AISE...

DAME CLOTHILDE NOUS TIENDRA COMPAGNIE AFIN QU'ON NE PUISSE POINT JASER!...

FAITES COMME BON VOUS SEMBLE, MADAME... ALLEZ...

VOILÀ UNE BIEN FÂCHEUSE DÉCISION, MESSIRE... QUE VOUS POURRIEZ GRANDEMENT REGRETTER!...

SUIVEZ-NOUS...

...LAISSER CES DAMES EN COMPAGNIE DE CE..."PERSONNAGE", ME PARAÎT ÊTRE UNE GRAVE ERREUR, MESSIRE... PERMETTEZ-MOI DE...

LA PAIX, FRÈRE THIBAUT!...

DEPUIS LA NAISSANCE DE NOTRE FILS, CETTE MÉGÈRE ME REFUSE SES FAVEURS ET NE M'ADRESSE PLUS QU'AMERS PROPOS ET RÉCRIMINATIONS... QU'ELLE FASSE À SA GUISE... TANT QUE MON HONNEUR N'A POINT À EN SOUFFRIR...

IL NE S'AGIT POINT D'HONNEUR, MESSIRE, MAIS DE SALUT!... CE PERSONNAGE ME REMPLIT D'EFFROI!.. AVEZ-VOUS BIEN OBSERVÉ SON REGARD?... SON ÉCLAT N'A RIEN D'HUMAIN!.. JE CRAINS LE PIRE!

PAUVRE MOINE... AU FOND, TU NE ME VEUX QUE DU BIEN...

MONTE DE CE PAS À LA CHAMBRE DE CES DAMES... TU VEILLERAS DEVANT LA PORTE, ET SI TU ENTENDAIS LE MOINDRE BRUIT DE MAUVAIS AUGURE OU UN APPEL À L'AIDE, PORTE-TOI À LEUR SECOURS SANS ATTENDRE!

...ET IL NE ME SIED GUÈRE DE TE VOIR AINSI JAUNIR DE TERREUR!

GARDE!...

EUH... BIEN MESSIRE!...

5

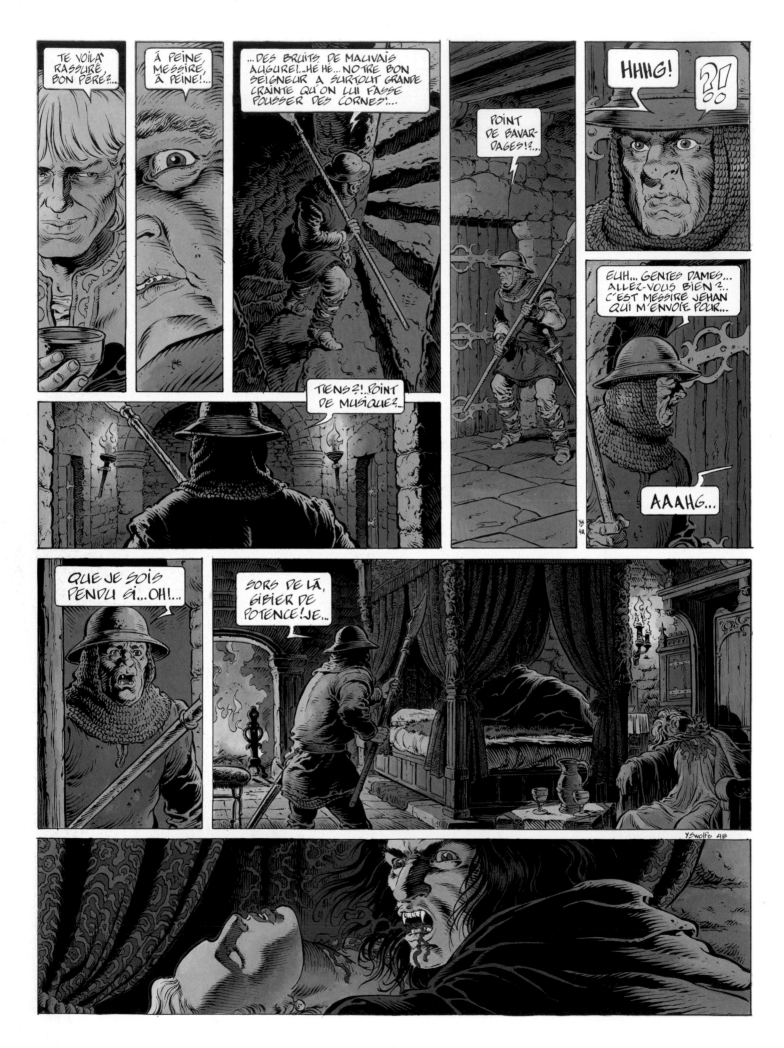

6

9

12

13

14

JE FAIS LE SERMENT, DEVANT DIEU ET DEVANT VOUS TOUS, DE NE JAMAIS REVENIR EN CES LIEUX AVANT D'AVOIR MOI-MÊME LIVRÉ AUX FLAMMES LA DÉPOUILLE DE CETTE CRÉATURE INFERNALE !...

FRÈRE THIBAUT, TU PRENDRAS SOIN DE MON FILS... TU NOURRIRAS EN LUI LA HAINE DE L'ASSASSIN DE SA MÈRE !...QU'IL CONTINUE MA QUÊTE SI JE VENAIS À TRÉPASSER SANS AVOIR DÉTRUIT CE DÉMON !...

...ET QU'IL EN SOIT DE MÊME POUR SON PROPRE FILS AÎNÉ ET TOUS LES AÎNÉS DE MA DESCENDANCE !...

...JUSQU'À L'ANÉANTISSEMENT DU MONSTRE QUI APPORTA LA MALÉDICTION EN NOS MURS...

ADIEU...

16

17

18

AUCUNE IDÉE, PETIT!... ET JE NE VEUX PAS LE SAVOIR!...JE N'AI JAMAIS EU LE COURAGE DE L'OUVRIR!... ALLONS, DONNE-MOI ÇA ET POUSSE CE FICHU FAUTEUIL, ON RENTRE!

...J'AI FAIT ENTERRER CE COFFRET EN ESPÉRANT QU'APRÈS MOI, ON OUBLIERAIT SON EXISTENCE.MAIS, PUISQUE TU TIENS TELLEMENT À "REPRENDRE LE FLAMBEAU", JE TE LE DONNE... COMME CADEAU EMPOISONNÉ, ON N'A GUÈRE FAIT MIEUX!

MA MÈRE ME L'A LÉGUÉ APRÈS LA DISPARITION DE MON PÈRE, DONT ON A PERDU LA TRACE QUELQUEPART EN AUTRICHE... LE BEL HÉRITAGE QUE VOILÀ!... C'ÉTAIT PLUTÔT UN ORDRE DE MISSION QU'IL ME LAISSAIT, LE CHER HOMME!...

MAIS JE SUIS CLOUÉ DANS UN FAUTEUIL DEPUIS 1870. ALORS, POUR...LUTTER, HEIN, À PART CONTRE L'ENNUI ET L'USURE DU TEMPS!...

FICHUES GUERRES... CEUX QUI EN SORTENT SONT À CE POINT HEUREUX D'ÊTRE ENCORE DE CE MONDE, QUE LE FAIT DE MANGER, RESPIRER, SURVIVRE,SUFFIT À LEUR BONHEUR!... ET, MA FOI, COMMENT LEUR DONNER TORT?!...

...ET TANT PIS POUR LES ZONES D'OMBRE ET LES POISONS QUE L'EXISTENCE NOUS FORCE À AVALER! ON DIGÈRE TOUT D'UN BLOC TANT ON A FAIM DE VIVRE! J'ÉTAIS CONTENT DE M'EN TIRER, MÊME AVEC DES JAMBES MORTES!

DANS CE TRISTE ÉTAT JE N'AI PU DONNER À TON PÈRE L'IMAGE D'UN HOMME CAPABLE DE LUI MONTRER LE CHEMIN! JE N'AI PU L'AIDER À SE "CONSTRUIRE". JE NE LUI AI PAS TRANSMIS ASSEZ DE CONFIANCE, C'EST POUR CELA QU'IL EST RONGÉ PAR LA PEUR!

MAIS PUISQUE TU SEMBLES Y TENIR, PREND-LA, CETTE MAUDITE BOÎTE, ET PRÉPARE-TOI À AFFRONTER LES DANGERS QU'ELLE RECÈLE!...

...ET TOUS LES FANTÔMES QUI SURGISSENT DU PLUS PROFOND DES TÉNÈBRES, LORSQU'ON S'AVENTURE À DÉTERRER LES SECRETS QUE DES GÉNÉRATIONS ONT DÉSESPÉRÉMENT TENTÉ D'OUBLIER!

22

ENGUERRAND... PAR PITIÉ... ME LAISSERAS-TU ENTRE LES MAINS DE CE BOURREAU?.. IL ME VEUT DU MAL... DE GRÂCE...
N'ÉCOUTEZ POINT, MESSIRE... CE N'EST QUE LA VOIX DU DÉMON QUI EST EN ELLE... TENEZ BON...
PERSONNE NE VIENDRA... ET JE VAIS METTRE FIN À TES INFÂMES AGISSEMENTS!
MAUDIT!... C'EST LUI QUI T'A ENVOYÉ... CETTE MÉPRISABLE LARVE...
...MAIS AVANT, TU ME DIRAS LE NOM DE CELUI QUI A FAIT DE TOI CE QUE TU ES DEVENUE... LE NOM DE TON MAÎTRE!
MON MAÎTRE, AH AH... PAUVRE PETIT CHEVALIER!
MON "MAÎTRE" EST TRÈS LOIN D'ICI, ET POURTANT NOUS SOMMES TOUJOURS PROCHES... CELUI QUE TU NOMMES MON "MAÎTRE" SE MOQUE BIEN DE TOI, JAMAIS JE NE TE DIRAI QUI IL EST!
À TA GUISE... JE REVIENDRAI CHAQUE NUIT ET, TÔT OU TARD, TU ME DONNERAS SON NOM... QUAND LA FAIM TE BRÛLERA LES ENTRAILLES, QUAND TA PEAU COMMENCERA À SE FLÉTRIR, ET QUAND LE MANQUE DE NOURRITURE AURA RAISON DE TA... "BEAUTÉ"...
...JE VIENDRAI TE FAIRE HUMER L'ODEUR DU SANG FRAIS, MAIS SANS T'EN DONNER UNE GOUTTE... QUAND LE DÉSIR DE BOIRE AURA FAIT DE TOI UNE CHIENNE ENRAGÉE, TU SERAS HEUREUSE DE ME DIRE LE NOM DE TON MAÎTRE ET LE LIEU OÙ IL SE TERRE!...
...EN ATTENDANT, JE TE LAISSE LÀ, CAPTIVE DU CERCLE... CELA TE DONNERA LE TEMPS DE PENSER À TA RÉPONSE... JUSQU'À LA NUIT PROCHAINE!
NON..
ATTENDS!

25

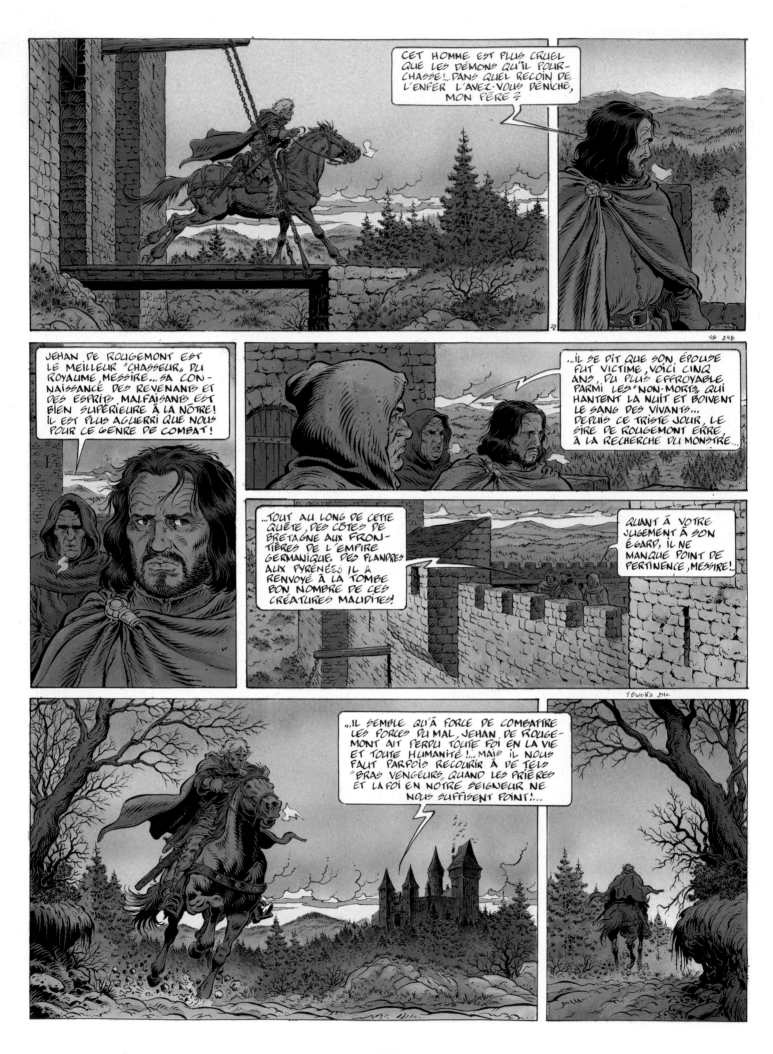

26

28

29

PLUS JAMAIS VOUS NE POSEREZ LA MAIN SUR MOI...JAMAIS...ET S'IL VOUS PRENAIT L'ENVIE D'Y REVENIR, SACHEZ QUE JE ME JETTERAIS DU HAUT DE CETTE TOUR SANS HÉSITER UN INSTANT!...

COMME IL VOUS PLAIRA!

MAIS DÈS CE JOUR, JE VOUS DÉFENDS DE QUITTER LE CHÂTEAU...À MOINS QUE VOUS NE REVENIEZ À DE MEILLEURS SENTIMENTS À MON ÉGARD, VOUS NE SORTIREZ PLUS DE CES MURS!

JE SAIS, IL VIENT!...

...TU FAIS BIEN DE ME PRÉVENIR, MAIS J'AI SENTI SON APPROCHE DEPUIS LONGTEMPS!

ON DIT QU'IL EST DANGEREUX, MAÎTRE... ON DIT DE LUI QUE C'EST UN ANIMAL FÉROCE...IL A DÉTRUIT BON NOMBRE DE VOS SEMBL...EUH...DISCIPLES!

ILS N'ONT GUÈRE EU LE TEMPS D'APPRENDRE À USER DES PRÉCAUTIONS QUE NÉCESSITAIT LEUR NOUVEL ÉTAT!...

...ILS SONT TOMBÉS DANS LES PIÈGES TENDUS PAR LE PREMIER CHASSEUR UN TANT SOIT PEU AGUERRI... MAIS, MOI, JE LE CONNAIS MIEUX

LA HAINE ET LE REMORD RONGENT SON ÂME. IL EST HANTÉ PAR LE DÉSIR DE RÉPARER CE QUI NE PEUT L'ÊTRE! C'EST UNE DE CES FAIBLESSES QUI VOUS PERDENT, VOUS AUTRES, PAUVRES MORTELS!

VOUS CULTIVEZ LE REGRET ÉTERNEL DES CHOSES DU PASSÉ ET LE REFUS DE VOIR CE QUI EST AU-DELÀ DES APPARENCES! C'EST AUSSI EN CELA QUE JE PUISE MA FORCE!

...BIEN... LES GENS DU VILLAGE REFUSERONT LE GÎTE À CE MAUDIT CHASSEUR... ENORA SEULE AURA LA PERMISSION DE L'ACCUEILLIR... M'AS-TU BIEN COMPRIS?

ENSUITE TU IRAS À LA VILLE CHEZ LE PRÉVÔT ET, AU NOM DE TOUS, TU ACCUSERAS LA ROUQUINE DE SORCELLERIE!...JE SAIS QUE CE BOUFFON ET SES PRÊTRES MALINGRES N'ATTENDENT QU'UNE DÉNONCIATION POUR FAIRE UN EXEMPLE... ILS ENVERRONT DES HOMMES D'ARMES LE JOUR MÊME POUR S'EMPARER D'ELLE.

BEAUCOUP D'ENTRE EUX, AU VILLAGE VONT... "VISITER", ENORA À L'INSU DE LEURS ÉPOUSES... ILS NE VOUDRONT PAS...

N'ESSAYE PAS DE COMPRENDRE, OBÉIS! ET RAPPELLE DONC À CES LARVES QU'ELLES ME DOIVENT L'EXISTENCE ET LA RICHESSE!

APRÈS AVOIR TANT JOUI DE MA BIENVEILLANCE, L'HEURE EST VENUE POUR EUX DE ME PROUVER DÉVOUEMENT ET FIDÉLITÉ!

OUI MAÎTRE!

MAIS... MAÎTRE JE NE COMPRENDS PAS!...

BIEN MAÎTRE...

ET DIS-LEUR QUE JE NE MANQUERAI PAS DE LES JUGER!

34

AS-TU VU LES GENS DE CE VILLAGE ?... ILS SONT LAIDS, DIFFORMES, À FORCE DE CULTIVER LEUR PROPRE DÉCHÉANCE !... ILS ONT TANT DE HAINE ET DE PEUR DES AUTRES QU'ILS PRÉFÈRENT S'ACCOUPLER ENTRE EUX PLUTÔT QUE D'ACCEPTER HOMME OU FEMME VENANT D'AILLEURS !... LEURS ENFANTS NAISSENT DE MOINS EN MOINS NOMBREUX, SOUVENT INFIRMES, ET BIEN PEU SURVIVENT !...

...LES HOMMES LES PLUS RICHES VIENNENT ME VOIR, À L'INSU DE LEURS ÉPOUSES ET JE LES ACCEPTE, POUR LEURS ÉCUS MAIS AUSSI POUR QU'ILS AIENT MOINS PEUR DE MOI... POUR QUE NE LEUR VIENNE POINT LA FUNESTE IDÉE DE ME FAIRE DU MAL !

...ET TOI, ME CRAINS-TU ?

JE T'AI VUE AU DEHORS AVANT LA NUIT NOIRE, ENORA... JE VOIS AUSSI L'AIL QUI PEND EN DIVERS ENDROITS DE TON LOGIS... JE N'AI RIEN DE FÂCHEUX À CRAINDRE DE TA PART...

DEMAIN, LA JOURNÉE PROMET D'ÊTRE LONGUE... ET RUDE !

ATTENDS !

J'AI CROISÉ LE CHEMIN DE CRÉATURES PLUS... "MALÉFIQUES" QUE TOI... MAIS IL SE FAIT TARD... MONTRE MOI UNE PAILLASSE OÙ JE POURRAI PRENDRE DU REPOS...

IL EST SI BON DE PARLER À UN HOMME QUI NE ME REGARDE POINT COMME SI JE PORTAIS LA PESTE... RESTE UN PEU !

JE PARTIRAI À L'AUBE, IL NE SERT À RIEN DE...

JE T'EN PRIE...

CERTAINS PRÉTENDENT QUE JE SUIS FORT BELLE ET ARDENTE... DE GRÂCE... JE N'AI QU'UNE PAILLASSE ET J'AI GRAND DÉSIR DE LA PARTAGER AVEC TOI... ELLE N'EST POINT LARGE MAIS SUFFIRA SI NOUS NOUS SERRONS UN PEU... RESTE AUPRÈS DE MOI... DORMIR SEULE ME GLACE LE CORPS ET L'ÂME...

NE CHERCHE POINT À EM-
PRISONNER MON ÂME,
ENORA ...L'AMOUR ET L'AT-
TACHEMENT N'Y TROUVENT
NULLE PLACE!...

TON ÂME EST AUSSI
LIMPIDE QUE TON
REGARD, JEHAN...JE
N'Y VOIS QUE SOLI-
TUDE ET TRISTESSE!

OH, JEHAN...

POURQUOI
FALLAIT-IL QUE
TU SOIS LE PRE-
MIER QUE J'AIE
ENVIE DE
RETENIR ?!...

CROIS-TU QUE J'IGNORE POURQUOI TU PORTES CET ÉTRANGE COLLIER DE FLEURS D'AIL SÉCHÉES ET CE CRUCIFIX IMPOSANT ?!... JE SAIS TRÈS BIEN CE QUE TU CHERCHES... MAIS IL FAUT OUBLIER...

...JE NE PEUX SUIVRE QU'UN CHEMIN... QUI CONDUIT À CE CHÂTEAU, LÀ-HAUT... ET JE LE PRENDRAI DEMAIN, SEUL...

NON, ENORA!

...À POURCHASSER LES DÉMONS, TU NE TROUVERAS QUE TA PROPRE MORT!... IL EST ENCORE TEMPS DE CHOISIR UN AUTRE CHEMIN ET JE T'Y SUIVRAI SI TU VEUX DE MOI!...

LÀ-BAS... LA CHAUMIÈRE!

37

41

42

43

44

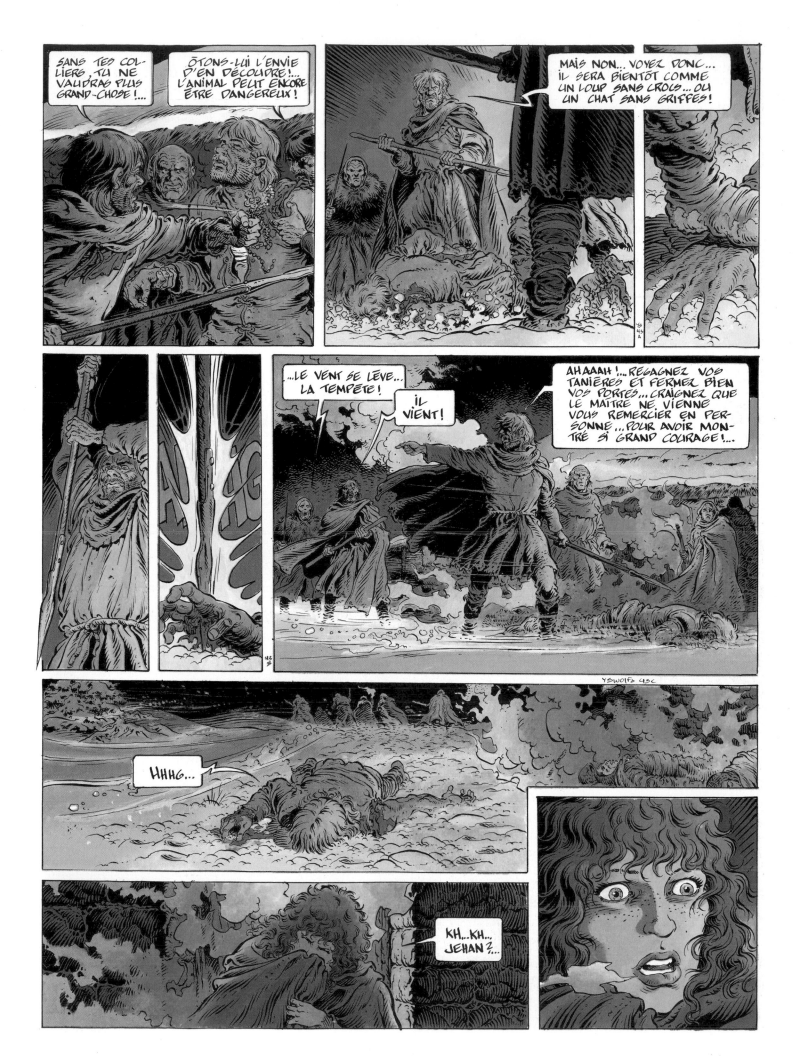

45

46

47

...REMERCIEMENTS À PAUL HERMAN ET PIERRE LEGEIN POUR LA DOCUMENTATION.

COULEURS : SOPHIE SWOLFS